BIOGRAPHIE

DE

MADAME LEMONNIER

FONDATRICE DE LA SOCIÉTÉ

POUR

L'ENSEIGNEMENT PROFESSIONNEL DES FEMMES

PAR

Mme COIGNET

Prix : 60 centimes

PARIS

PUBLIÉ PAR LA SOCIÉTÉ

POUR L'ENSEIGNEMENT PROFESSIONNEL DES FEMMES

EN VENTE CHEZ TOUS LES LIBRAIRES

1866

BIOGRAPHIE

DE

MADAME LEMONNIER

FONDATRICE DE LA SOCIÉTÉ

POUR L'ENSEIGNEMENT PROFESSIONNEL DES FEMMES

PAR

MADAME COIGNET

PARIS

PUBLIÉ PAR LA SOCIÉTÉ

POUR L'ENSEIGNEMENT PROFESSIONNEL DES FEMMES

EN VENTE CHEZ TOUS LES LIBRAIRES

1866

IMPRIMERIE L. TOINON ET Cᵉ, A SAINT-GERMAIN.

BIOGRAPHIE

DE

MADAME LEMONNIER

Dans la jolie petite ville de Sorèze, située aux pieds d'un rameau des Cévennes, dans cette partie qu'on appelle la *Montagne noire*, naissait, au mois de mars 1805, Marie-Juliette-Élisa Grimailh, connue depuis sous le nom de Madame Lemonnier. Son père, Jean Grimailh, bourgeois et propriétaire à Sorèze, et sa mère Rose-Étiennette Aldebert, qui descendait des de Barrau de Muratel, bons gentils-hommes du Rouergue, étaient tous deux d'ancienne souche protestante.

Madame de Barrau de Muratel, grand'mère de Madame Lemonnier, avait été connue pour une maî-tresse femme, et madame Grimailh, sa mère, d'un caractère moins accentué, était douée d'une beauté si remarquable qu'on la citait dans le pays ; elle était en même temps intelligente et active, admi-nistrant sa maison, et élevant ses cinq enfants selon des règles austères. Marie-Juliette-Élisa était le troi-sième. Elle ne quitta pas la maison paternelle jus-

qu'à l'âge de onze ans, mais à cette époque elle
alla passer une période de cinq années chez une
de ses tantes, madame Saint-Cyr de Barrau, qui de-
meurait avec son fils dans une ancienne résidence
de famille, où on recevait beaucoup. C'est là que
s'acheva l'éducation de la jeune Élisa et qu'elle se
forma aux manières du monde. Quand elle revint
chez sa mère, elle avait atteint l'âge de seize ans.

Élisa Grimailh ressemblait extraordinairement à
sa mère : avec moins de régularité dans les traits,
peut-être, elle avait plus de grâce et de finesse.
Brune, une forêt de cheveux très-foncés ombrageait
son front, ses yeux noirs étaient pénétrants et vifs,
son teint mat et bronzé par l'air et le soleil ; grande
d'ailleurs, svelte, élancée, agile, après avoir été
une charmante enfant, elle était devenue une charmante jeune fille. Sa physionomie, en même temps
ouverte et sérieuse, annonçait une intelligence
prompte, une raison précoce et une humeur facile
et gaie. Élisa n'avait point été, en effet, un de ces
enfants abstraits et studieux qui pâlissent sur les
livres, elle n'était pas non plus une de ces jeunes
filles languissantes et renfermées qui se perdent
dans le rêve. Nature essentiellement agissante, la
vie de la campagne l'avait remplie de bonne heure
de ses saines impressions, et l'éducation maternelle de ses sages préceptes. Elle aimait ses mon-
tagnes pittoresques et rudes, et les excursions qui
offraient à son jeune courage l'excitation de l'obs-

tacle et l'attrait du danger; elle aimait l'atmosphère
transparente et la coloration animée de son riant
pays; elle s'intéressait aux travaux des champs, aux
moissons, aux semailles comme à la vie des culti-
vateurs, et rentrée chez sa mère, elle prenait en
main la direction du ménage avec une remarquable
entente ; les jeunes enfants avaient aussi une grande
part dans sa sollicitude, elle les soignait et les gron-
dait tour à tour, se plaisant à faire suivre d'une
caresse les plus graves leçons.

Dans sa première jeunesse elle avait suivi pendant quelque temps les cours d'une école du pays;
plus tard elle eut chez elle des leçons d'un professeur du collège, des leçons de français, d'histoire, de
géographie, et ce qu'il y a d'assez curieux, de dé-
clamation.

Élisa Grimailh aimait la lecture, et choisissait
toujours de préférence les sujets sérieux ; pourtant
c'était un de ces esprits qui s'instruisent plutôt par
la vie que par les livres ; son sens juste, son intelligence nette, sa volonté persévérante et même parfois tenace la destinaient plutôt à réaliser des idées
qu'à les produire. Dans la vie elle voyait surtout
des résultats. Sa religion, car elle était religieuse,
avait le même caractère. Élisa ne manquait jamais
le service du dimanche dans l'Eglise réformée, et
communiait aussi régulièrement sans dépasser
toutefois ces limites. Elle n'avait aucune disposi-
tion au mysticisme, mais elle croyait à l'obligation

et remplissait son devoir avec simplicité, et gaieté même, dirai-je, car, chose à remarquer, Élisa était gaie ; le sourire qui illuminait à chaque instant son visage sérieux était plein de grâce et de franchise, et il y avait un fond de bonté cordiale et sympathique dans sa vivacité juvénile qui lui prêtait un grand charme.

C'est en 1827, mademoiselle Grimailh avait alors vingt-deux ans, que M. Lemonnier vint à Sorèze comme professeur de philosophie. M. Lemonnier était très-jeune alors, il avait fait des classes brillantes et sortait du lycée avec cette éducation exclusivement classique qui cultive l'esprit sans rien apprendre de la vie. Doué d'une imagination brillante, d'une intelligence incisive, d'une élocution élégante et facile ; apte à saisir rapidement les théories les plus diverses et à les suivre par une dialectique ingénieuse et souple, plein de foi dans les idées et dans les hommes, on conçoit que le caractère de M. Lemonnier contrastait avec celui de la femme qui devait lui appartenir un jour. Introduit dans la famille Grimailh par des amis communs, ses premiers rapports avec la jeune fille déterminèrent pourtant du sentiment qui domina ensuite toute sa vie. Cette nature franche, ouverte, forte et gaie ; cette femme si parfaitement consciente d'elle-même et des autres, si sûre de ce qui était juste, si réellement bonne et raisonnable, prit immédiatement sur l'esprit ardent, inquiet, et peut-

être un peu romanesque du jeune professeur, un
ascendant singulier. La sympathie d'ailleurs fut
réciproque. M. Lemonnier n'avait pourtant rien
alors de ce qu'on peut considérer dans le monde
comme une condition de succès; ayant toujours
vécu dans les écoles, il manquait d'aisance auprès
des femmes; à peine sorti de l'adolescence il en
avait encore les premières timidités; il avait la taille
grêle, l'aspect chétif, mais il avait aussi ce que les
femmes préféreront toujours à la beauté, l'expres-
sion animée de la physionomie, la flamme du re-
gard, le sentiment de l'idéal. Avec cette prompti-
tude d'impression et cette perspicacité de jugement
particulières à la femme, mademoiselle Grimailh
comprit cela à première vue, mais c'est bien plus
tard seulement que ses sentiments vinrent au jour.

Catholique de naissance, M. Lemonnier avait été
longtemps catholique aussi d'opinion. La classe de
philosophie, qu'il avait faite au collége Louis le
Grand avec beaucoup de sérieux, avait provoqué
une révolution dans son esprit. Destutt de Tracy,
Dugald Steward, Jouffroy, objets de ses lectures
assidues et de ses méditations intérieures étaient
devenus ses maîtres. Il dévorait leurs pages avec
une incroyable ardeur de jeunesse; il s'enthou-
siasmait pour leurs systèmes, et devenu professeur,
il ne cacha pas à ses élèves la nature de ses sentiments. Cette franchise d'allure le plaça bientôt vis-
à-vis de ses chefs dans une condition difficile, et

plutôt que d'entrer dans une voie de dissimulation, il donna volontairement sa démission de professeur. Extrémité douloureuse pourtant ! car M. Lemonnier était devenu profondément et ardemment épris de mademoiselle Grimailh. Dans le laisser aller d'une petite ville de province, des relations fréquentes, des entretiens quasi journaliers, s'étaient établis peu à peu entre les deux jeunes gens, Plus ils se pénétraient l'un l'autre, plus ils se sentaient rapprochés par une mutuelle sympathie... et, dans ces circonstances M. Lemonnier allait être obligé de quitter Sorèze !

Sa carrière était brisée, et il avait trop peu de fortune pour songer au mariage ! Mademoiselle Grimailh savait cela, pourtant elle approuva sa décision, et tous deux se séparèrent sans s'être rien dit de leurs sentiments.

M. Lemonnier se rendit de Sorèze à Paris.

Un ami de la famille Grimailh, saint-simonien de fraîche date, M. Rességuier, lui avait donné une lettre d'introduction pour M. Émile Barrault. C'était alors le début du saint-simonisme ; M. Émile Barrault était entré tout entier dans le mouvement, il y entraîna le jeune professeur dont la conversion d'ailleurs semblait indiquée.

M. Lemonnier ayant abandonné depuis peu un système religieux tout autoritaire, sans avoir encore acquis des idées nettes sur la liberté, appartenait en quelque sorte d'avance à une théorie, qui semblait de point en point résoudre ses incertitudes et satisfaire ses enthousiasmes. Dans le saint-simonisme il retrouvait en même temps les tendances démocratiques, qui lui étaient venues avec ses nouvelles études, et l'exaltation un peu mystique qui avait caractérisé son ancienne foi.

Pendant ce temps, M. Rességuier faisait dans la famille Grimailh une propagande plus directe, et il réussit bientôt à intéresser Élisa par les côtés de fraternité populaire et de respect du travail de la nouvelle doctrine.

Élisa Grimailh avait un sincère amour du bien. Élevée au contact de la classe pauvre, elle avait eu souvent à en plaindre et à en soulager les misères, et de bonne heure elle avait réfléchi sur ce triste sujet. La difficulté de vaincre certaines fatalités sociales, l'injustice de certaines inégalités, l'insuffisance de l'aumône étaient pour elle autant de problèmes que le saint-simonisme paraissait résoudre.

Elle vit dans cette doctrine la conception d'une société nouvelle dont l'amélioration de la classe déshéritée serait la base, et elle écouta avec ferveur la voix de M. Rességuier. Il n'y avait certainement en elle aucun goût pour un faux héroïsme, mais elle possédait une de ces natures vaillantes qui aiment à agir et qui aiment à se donner. Elle se convertit donc bientôt malgré les résistances de sa famille, elle se convertit résolûment, comme à la vraie forme du même bien qu'elle avait toujours voulu, toujours poursuivi. Il y avait d'ailleurs sans doute pour elle, et qui pourrait le lui reprocher, une secrète jouissance à suivre ou plutôt à accompagner son ami dans cette voie nouvelle.

Cependant l'amour de M. Lemonnier ne faisant que s'accroître par l'absence même, M. Rességuier, devenu son confident, consentit bientôt à intervenir auprès de la famille Grimailh.

Il y eut bien de ce côté quelques obstacles, car la sollicitude des parents était alarmée sur l'avenir de leur fille, mais celle-ci les aplanit tous.

Quand une femme n'est asservie ni par les vanités mondaines, ni par les besoins factices, ni par les délicatesses exagérées, elle a le droit d'être forte dans son amour. Telle se sentait Élisa Grimailh, telle elle resta toujours. Et quand elle eut épousé M. Lemonnier dans les conditions les plus précaires, ayant elle-même une petite dot, quand ils se virent bientôt tous deux à la tête d'une famille avec des ressources presque insuffisantes, pas un seul jour elle ne regretta son courage et sa foi. Ils s'étaient juré de s'aimer toute la vie, et, chose qu'on voit moins souvent, ils avaient tenu parole.

Aussitôt après son mariage, madame Lemonnier partit pour Paris avec son mari, qui était alors exclusivement adonné au saint-simonisme. La plus grande partie de leur petit avoir fut employé à la propagande, le reste à les faire vivre.

L'année suivante, en 1832, éclata dans l'école saint-simonienne une grande division dont je rappellerai l'objet en quelques lignes.

Le saint-simonisme s'était affirmé comme une nouvelle conception de l'ordre du monde, conception dont la réalisation impliquait un renouvellement de la société même. Une série de problèmes, touchant à la pratique était donc posée devant ses apôtres, problèmes non encore résolus, car le saint-simonisme en était au travail d'élaboration ; toutefois ce qui caractérisait cette élaboration et devait la rendre féconde, c'était un principe métaphysique que les disciples croyaient naïvement nouveau : à savoir la réhabilitation de la matière, ou pour parler le singulier langage qu'on avait adopté, la réhabilitation de la *chair*. Le christianisme, disait-on, fondement des vieilles sociétés a faussé la nature en asservissant la matière à l'esprit ; le nouveau christianisme doit relever cette matière méprisée, et lui rendre sa place. Mais de quelle façon et dans quelle mesure réhabiliter la chair ? Quelles lois opposer aux lois ? quelles institutions aux institutions ? quelle morale à la morale ? quels dogmes aux dogmes ? Série de problèmes sans cesse posés, sans cesse débattus et résolus de toutes parts d'une manière peu favorable à l'unité de doctrine. Déjà les divisions s'étaient manifestées à propos de religion et d'économie politique ; mais elles devaient éclater bien plus violemment à propos de la morale.

Le sujet en effet était délicat et grave. Touchant au plus intime de notre vie, la question du mariage a toujours eu le pouvoir de remuer nos passions et de soulever nos esprits. Depuis longtemps, on ne cessait de l'agiter dans les groupes particuliers du saint-simonisme, et les dissentiments se résumaient en deux partis distincts et parfaitement opposés, celui de M. Bazard et celui de M. Enfantin. M. Bazard défendait ardemment l'exclusivisme du mariage fondé sur l'amour, M. Enfantin admettait au contraire des amours et des mariages successifs, quelques-uns disent même simultanés. A la suite d'un drame intérieur dont le bruit n'a jamais transpiré que vaguement dans le public, l'école saint-simonienne fut violemment partagée. M. Bazard, auquel se rattachaient des hommes de la valeur de Jean Reynaud et de M. Carnot, se retira avec ceux qui persistaient dans leurs opinions malgré le décret officiel, tandis que la majorité suivait M. Enfantin. Je n'ai pas besoin de dire que Madame Lemonnier avait toujours été du parti de Bazard. Madame Lemonnier avait trop aimé pour ne pas vouloir respecter son amour, aux dépens, s'il l'eût fallu, de cet amour même, elle avait puisé, dans son éducation première et dans sa saine raison, un sentiment trop pur et trop élevé des liens de la famille pour consentir jamais à les voir s'altérer et se corrompre dans l'abandon de soi. Il n'y eut pas à ce sujet chez elle la moindre hésitation, le moindre doute. L'influence de certains de ses amis, et même des plus proches, n'eut sur elle aucune prise. On l'accusa de timidité et d'inconséquence, et peut-être ne répondait-elle pas toujours par une argumentation parfaitement déduite ; elle pouvait saisir incomplètement les rapports logiques de certains principes, et de certaines conséquences, mais son sentiment de femme et de mère la défendait contre le sophisme. Elle ne fit pas la moindre concession à l'amour-propre de secte : son parti était pris dès le premier jour et n'a jamais varié, et plus tard, quand elle revenait sur cette partie de sa vie, que de fois je l'ai entendue s'applaudir de sa ferme décision et me citer avec un sentiment de sympathie douloureuse les femmes qui n'avaient pas suivi la même voie. Madame Lemonnier, tout en considérant le développement de l'activité féminine dans le monde comme une condition essentielle du progrès, ne séparait pas cette activité de l'exclusive pureté du mariage. Elle pensait avec raison que la femme étant par sa nature la *gardienne des mœurs* ne peut étendre sa mission sans en assurer la base, et que tout prétendu progrès en dehors de cette voie est seulement pour elle l'illusion pernicieuse d'une dégénérescence. Cette phase de la vie de madame Lemonnier est remarquable sous tous les rapports. Souvent douloureuse et parfois combattue ; elle a été pour elle l'épreuve qui rend fort, elle l'a trempée trois fois.

A la suite du procès de 1832, il se fit une disper-

sion générale dans le saint-simonisme. Le jeune ménage voyait d'ailleurs s'épuiser ses ressources, et
M. Lemonnier ayant fait et terminé des études d'a-
vocat, songea à en tirer parti pour faire vivre sa
famille. Il emmena donc sa femme à Bordeaux, où
il avait quelques relations. Là ils passèrent plus de
dix ans, dans une situation matérielle difficile et
précaire, que le travail incessant et la courageuse
économie de Madame Lemonnier contribuèrent pour
beaucoup à faire traverser, non-seulement avec hon-
neur, mais même avec joie. « Ne croyez-pas, m'a-
t-elle dit souvent depuis lors, que nous fussions
malheureux à cette époque. Je me rappelle encore
les bonnes journées que nous passions le dimanche
à la campagne, portant tour à tour notre enfant
dans nos bras. Puis nous revenions le soir, et dans
notre intérieur si modeste tout paraissait gai et
souriant. Nous nous aimions l'un l'autre, et nous
n'avons jamais cessé de vivre ensemble de la vie
des idées, voilà notre secret. »

Plus tard la position de M. Lemonnier s'améliora.
Nommé directeur du contentieux du chemin de fer
du Nord, puis secrétaire du Crédit mobilier, il vint
se fixer à Paris, et l'aisance entra dans son intérieur;
l'aisance, jamais le luxe. Madame Lemonnier
avait gardé de sa vie difficile et si longtemps combattue, le goût de la simplicité, et toutes ses habitu-
des extérieures le trahissaient.

L'époque de la révolution de 1848 fut encore pour

Madame Lemonnier une grande phase d'activité. Au milieu du désarroi public, de la suspension de l'activité industrielle et du travail régulier, elle se mit résolûment à l'œuvre, et fonda avec quelques personnes de ses amies des ateliers de travail pour les femmes.

La justesse de son coup d'œil et son talent d'organisation frappèrent en ces circonstances tous ceux qui en furent témoins. Arrêtée trop vite par les déviations de la révolution même, Madame Lemonnier garda l'idée persévérante de fonder quelque chose de durable en faveur des personnes de son sexe.

Le saint-simonisme lui avait laissé, avec une grande sympathie pour les classes souffrantes, un désir particulier de relever la femme, de lui inspirer plus de dignité, plus d'initiative et de courage.

C'était là pour Madame Lemonnier une pensée presque constante et qui devait la conduire un peu plus tard à la fondation qui a été comme le résumé des préoccupations de toute sa vie.

A l'époque où j'ai connu Madame Lemonnier, il y a à peu près une douzaine d'années, sa santé était très-altérée déjà, mais son activité d'intelligence et l'ardeur de ses sentiments ne s'en ressentaient pas. Nous nous rencontrâmes pour la première fois chez M. Geoffroy Saint-Hilaire, au jardin des Plantes, et nous fûmes présentées l'une à l'autre. Quelques jours après, je recevais, sans l'avoir provoquée, la visite de Madame Lemonnier qui venait m'engager à passer la soirée chez elle. Ce trait est à mes yeux caractéristique.

Madame Lemonnier faisait généralement peu de frais pour les hommes, mais aussitôt qu'elle croyait trouver dans une autre femme de la sympathie pour les grandes idées et pour les grandes causes, elle allait droit à elle sans se sentir jamais retenue par les considérations d'étiquette mondaine. Elle aimait à parler aux femmes, à les grouper autour d'elle, à les exciter dans le bien, et je n'ai connu personne de plus étranger aux sentiments d'envie, de susceptibilité et de rancune. Son universelle bienveillance ne faisait pas d'exception et n'impliquait d'austérité que pour elle-même.

« N'attendez pas, disait-elle toujours aux femmes, que les hommes agissent pour vous ; agissez donc vous-mêmes, et quand ils vous verront à l'œuvre ils commenceront à vous prendre au sérieux.

» Ah ! leur disait-elle aussi, ne vous reposez pas sur vos succès de jeunesse, préparez-vous plutôt quelque chose pour l'époque toujours prochaine où ces succès auront passé. »

Ce *quelque chose* devait être à ses yeux une œuvre positive, qui pût grouper des femmes d'une certaie valeur et leur permettre de manifester librement leur initiative et leur activité, une œuvre de femmes, en un mot, ayant pour but la femme.

Dans les ateliers de 1848, Madame Lemonnier avait

été très-frappée, d'une part, de la grande bonne volonté des ouvrières en face du travail, de l'autre de leur extrême incapacité, venant à ses yeux du manque absolu de direction dans la jeunesse.

C'est donc l'éducation des femmes qui devait être l'objet d'une grande réforme.

Donner aux femmes une éducation vraiment forte, en même temps intellectuelle et professionnelle, qui leur apprît à ne compter que sur elles et à ne dépendre que d'elles, tel était le but de Madame Lemonnier ; non pas qu'elle voulût jamais les séparer de la famille, loin de là.... Elle tenait au contraire à ce que la profession pût toujours y être exercée, d'abord parce que là seulement une protection efficace est assurée à la jeune fille, ensuite parce que, épouse et mère, elle peut y continuer sa profession.

Madame Lemonnier avait de la famille une idée très-élevée et très-austère. Elle désirait, il est vrai, y élargir la place de la femme, mais le bien et le bonheur de tous se trouvaient engagés dans ce changement. L'indépendance qu'elle voulait lui inspirer n'était pas ce sentiment ombrageux qui sépare les sexes et isole les individus dans un groupe d'union et de travail commun. C'était le véritable respect de soi-même, le respect qui défend contre les désordres extérieurs, comme il sauve des abjections intimes.

Or, comment inspirer ce sentiment à un être

toujours faible, toujours dépendant et toujours op-
primé? Madame Lemonnier ne trouvait pas suffisant
d'en appeler à la générosité du maître. Elle savait
qu'humainement parlant il n'y a de sauvés que
ceux qui se sauvent, elle savait que l'effort personnel est la loi même du développement de la cons-
cience, qu'il faut vouloir et agir pour grandir et
s'améliorer; elle regardait l'énergie comme le
fondement de la vertu, et la responsabilité comme la
base de la morale. Or, en prenant la femme dans la
classe pauvre, là où le travail est la loi de l'existence,
il est aussi la première condition de la liberté. Le
travail, le travail personnel, lucratif et indépendant,
affranchira seul la femme pauvre des vaines peurs
et des menaces abusives; seul il lui donnera la pos-
session d'elle-même, le droit et le pouvoir de dis-
poser de sa personne. Jeune fille, il la sauvera des
odieuses tentations du vice, il la sauvera d'un
mariage contraire à ses inclinations, en lui permet-
tant d'attendre et de choisir. Épouse et mère, il
lui maintiendra sa place d'associée dans la vie
commune, et si alors elle abdique la tâche per-
sonnelle en faveur de tous, cette abdication volon-
taire ne lui fera rien perdre. Le travail, en con-
férant le droit à la femme, enseignera à l'homme,
l'amour et l'égalité. Il n'y a de grand que ce qui est
libre, et on n'aime véritablement que ce qui est
grand.

Telle a été la pensée qui a présidé à la fondation

des écoles professionnelles. Cette pensée, Madame Lemonnier a commencé par la répandre; elle a groupé des femmes en son nom. Des premières réunions, en 1856, sortit la Société de protection maternelle, qui se bornait à envoyer des jeunes filles sans ressources dans un établissement d'éducation, près de Francfort. Mais ce n'était pas suffisant. Il s'agissait pour Madame Lemonnier de créer une œuvre qui ne fût pas seulement, comme toutes les œuvres de bienfaisance, le palliatif d'un mal incurable, mais un pas décisif dans une nouvelle voie; il s'agissait de créer une institution nationale, une école vraiment professionnelle pour les femmes.

Après des efforts de propagande dont j'ai suivi de près toute la marche, et qui témoignaient certainement chez Madame Lemonnier d'un courage et d'une persévérance rares, elle parvint à réunir assez d'adhésions pour ouvrir en 1862, rue de la Perle, un premier établissement, qu'un succès rapide fit bientôt transporter rue du Val-Sainte-Catherine, dans un local plus considérable. Depuis lors le succès a continué et cet établissement ne fait que s'accroître. C'est un vaste externat qui reçoit les jeunes filles tous les jours de la semaine, de 8 heures du matin à 6 heures du soir, et dont les conditions d'entrée sont accessibles aux positions les plus modestes. Cette institution, d'ailleurs exclusivement civile, ne fait aucune acception de culte, et laisse l'enseignement religieux aux soins des familles. Une organisation ingénieuse a combiné à l'intérieur l'enseignement général et la profession, et on n'y admet les jeunes filles qu'à l'époque où elles peuvent participer à l'un et à l'autre; elles sont alors classées sur un examen.

L'enseignement général comprend toutes les notions élémentaires que reçoivent les jeunes filles dans les meilleurs pensionnats, et, sous la direction d'une personne distinguée et énergique, Mademoiselle Marchef, il est précis, solide et très-bien donné. Les professions sont au nombre de six : la couture, lingerie et confection, le dessin pour étoffe, la gravure, le commerce, la peinture sur porcelaine.

Toutes les jeunes filles, quelle que soit d'ailleurs la carrière à laquelle elles se destinent, apprennent un peu de couture; mais elles entrent seulement dans les ateliers quand elles veulent en faire une profession.

Le cours de commerce est fait par un professeur de l'École de commerce de Paris, M. Revert; il comprend un cours de langue vivante et est complété par un cours de droit commercial. Quelques jeunes filles sorties de ce cours occupent déjà dans le commerce des positions avantageuses.

Le cours de dessin, dirigé par M. Le Quien, professeur à l'école Turgot, comprend le dessin pour ornement et dans ce genre tout ce qui est applicable à l'industrie. Il prépare en outre les élèves à la gravure sur bois et à la peinture sur porcelaine.

Le cours de gravure sur bois est dirigé par M. Trichon ; on remarque jusqu'à présent que ce travail convient particulièrement aux jeunes filles et qu'elles y réussissent très-bien.

Le cours de peinture sur porcelaine est dirigé par mademoiselle Bloch, artiste de la manufacture de Sèvres ; il a été commencé seulement cette année à la rentrée des classes.

Un comité de patronage, choisi parmi les dames de l'association, s'occupe du placement des jeunes filles, à la suite de l'apprentissage qui doit durer trois à quatre ans.

En 1864, l'heureux développement de cette école permit à l'association de dames dont Madame Lemonnier était présidente d'en fonder une autre sur le même modèle rue Rochechouart, et déjà cette seconde école, sous la direction intelligente de Madame Sauvestre, est entrée dans la même voie que la première.

L'érection et l'organisation de cette seconde école ont été le dernier souci et aussi la dernière joie de Madame Lemonnier.

Depuis longtemps sa santé chancelante, qui l'avait forcée déjà à passer deux hivers dans le Midi, lui laissait plus d'énergie de volonté que de force physique.

Au milieu de souffrances continuelles mêlées d'accès de faiblesse, les écoles professionnelles étaient sa constante préoccupation, et dans la prévision même de sa fin prochaine, ce qu'elle regrettait d'elle-même c'était le dévouement qu'elle ne pourrait plus y donner.

Dans cette pensée, elle s'efforçait de nous communiquer à toutes le feu sacré qui la possédait. Loin de se montrer jalouse d'une autorité que lui avait justement acquise son initiative de fondatrice, elle nous demandait, au contraire, sans cesse d'en assumer les charges. Quand, pendant ses longues absences, nous nous adressions à elle pour chaque décision, elle nous suppliait toujours de les prendre seules. « Ne comptez pas tant sur moi, » nous disait-elle, « d'un jour à l'autre je vous ferai défaut. » Elle nous disait cela, mais vainement. Éloignée ou présente, elle remplissait toujours notre conseil et sa main vaillante a tenu jusqu'à la fin les fils de son œuvre. Dans le Midi, où elle était allée chercher un climat plus doux pour sa santé détruite, elle nous écrivait plusieurs fois par semaine des lettres de dix pages, et à Paris, sur son lit de souffrance, elle ne voulait voir que ceux avec qui elle pouvait s'entretenir du sujet cher à son cœur.

« Vous vous tuez, lui disais-je parfois, ne prendrez-vous jamais du repos ? »

Mais alors elle secouait la tête avec un triste sourire.

« La vie, me répondait-elle, ne se mesure pas à la longueur des jours, mais à la valeur des œuvres, il n'en reste que ce qu'on y a produit. »

C'est cette pensée qui a accompagné Madame Lemonnier jusqu'à la dernière heure, et qui, dans la mort même, faisait rayonner son visage d'une idéale beauté. Sur cette couche où je l'ai vue pâle, la tête inclinée, son front pur encadré de cheveux encore noirs, tandis qu'aux sanglots de sa famille se joignaient ceux de la vieille servante qui, semblable à la nourrice des anciens, avait traversé avec elle toutes les peines et les prospérités de la vie, sur cette couche funèbre, il y avait, avec la plus profonde douleur, une consolation et un enseignement. Elle ne vivait plus, mais elle vivait encore et elle vivra toujours... La victoire de l'idée est immortelle, et quand l'homme la laisse après lui, elle ressemble au grain fécondé qui se reproduit sans fin dans la perpétuité des jours!

FIN.

Imprimerie de L. Toinon et Cie, à Saint-Germain

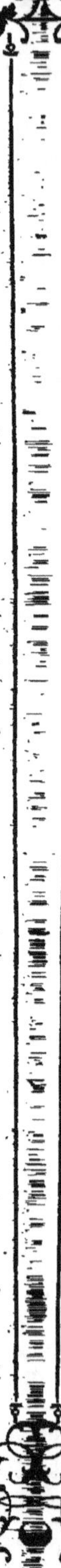

IMPRIMERIE L. TOINON ET C°, A SAINT-GERMAIN.

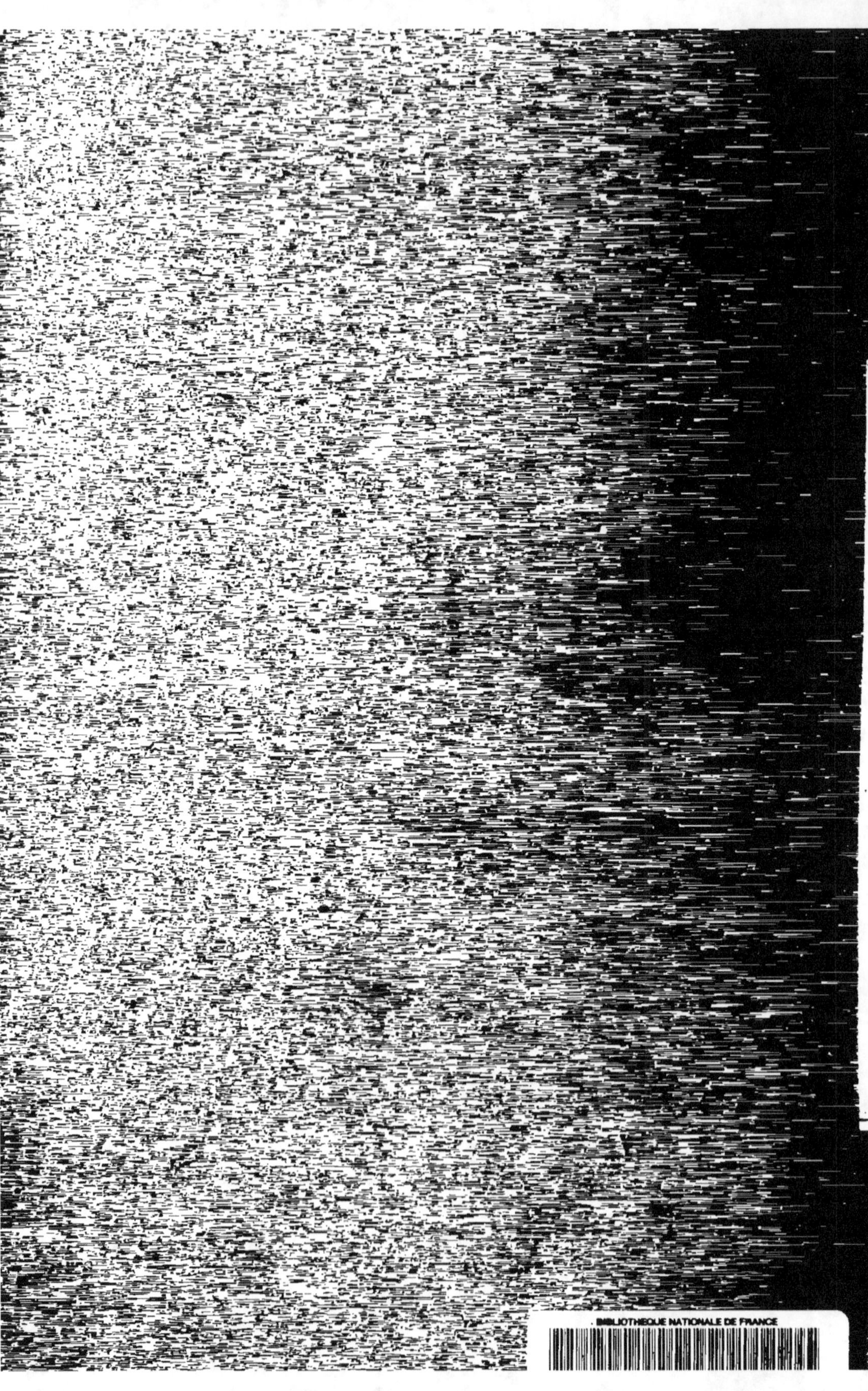

www.ingramcontent.com/pod-product-compliance
Lightning Source LLC
Chambersburg PA
CBHW051340060726
47596CB00004B/1708